なばた としたか さく

こびと固有種大図鑑

東日本編

● コビトについて

昆虫でも植物でも、動物でもないふしぎな生き物、それがコビトです。私たちの気づかないところで、コビトたちはひっそりと生きているのです。めったに姿を現してはくれませんが、それでもよく周りを見てみれば、コビトの形跡を見つけたり、気配を感じたりできるはずです。「風もないのに草がゆれた」「地面に穴が空いている」「家の中に木の葉が落ちている」などは、コビトが起こしていること、とも考えられます。日常のくらしの中でふしぎに思ったことがあれば、「コビトかも？」と想像してみてください。新種のコビトの発見につながるかもしれませんし、きっといつもの風景がずっと楽しく見えてくることでしょう。

● 固有種について

生き物の中には、特定の地域だけに生息している「固有種」と呼ばれる種類がいます。この図鑑では、全国47の都道府県それぞれに生息している「コビトの固有種」を集めて紹介しています。その土地土地の環境に合わせ、独自の生態をもってくらしているコビトたちです。固有種について深く知れば知るほど、その場所のことをはじめ、たくさんのことを知る機会につながっていきます。

● お願い

ほとんどのコビトたちは、人間に見つからないようにひっそりとくらしているので、なかなか姿を現してはくれません。それでも「探してみたい」と思ったら、いろんなことに注意しなくてはいけません。特に自然の中には、危険な場所もたくさんあります。「こびと探し」をするときは、子どもだけで行かず、必ずたよりになるおとなを連れていくようにしましょう。

ロクリン社

もくじ

知っておきたいコビトの基礎知識 4

北海道 7
イッカクヒョウザン　フリマネダテンシ
シシャモノシシャ　エゾキリキリマイ
フラノサキムラサキ　ユウバリウリホウバリ
サッポロユキダマダマシ

東北地方

青森県 15
オオマノイカサマ　キンダンカジツ
オナヤミイオウ　ネブラッセラ

岩手県 19
ケナガカワワッパ　ハタキワラシ（ザシキアラシ）
モクスミッコ

宮城県 23
コケシニナルコ　マツシマトリツクシマ
マボヤボウヤ

秋田県 27
キリタンボッコ　アガリココウタイシ
メンオニギョウソウ

山形県 31
ベニガサオドリ　オカザリオウショウ
ヨウナシケイタイ

福島県 35
アカベココウベ　ヌマゴショクギョウ
アブクマタチショウニュウ

関東地方

茨城県 41
ミトネバリ　ヒタチノゴチソウ
ウシクワッカマル

栃木県 45
ソギボシビョウタン　ニッコウウゴカザル
キュウビジン

群馬県 49
タカサキデルメタイシ　ユモミチョイナ
コンニャクダネ

埼玉県 53
アセダクリクユデダコ　フカヤネギマギレ
タニタタミショクニン

千葉県 57
ハグラッカセイ　チバマンスイ
モロミエホウシ

東京都 61
ウドジョオウ　シマコウモリコモリ
トナイノリテツ　トビダイトカイ　テラケムリ

神奈川県 67
クロホウギョク　ハマバオバオ　ミミフクジン
ケイヒンヨルデンショク

中部地方

新潟県 73
トキナコウド　カクレササダンシ
ホウネンナエ（イネホウジョウ）
イトイヒスイダイコウブツ

富山県 77
トヤマハナネッコ（オヤユビシベ・シベムツゴ）
ヤツオイエナガシ　クロベカワダヌキ

石川県 81
ハクツキコボシ　カガカンムリモチハダ
カザミユキツリ　シラヤマコトダマ
スシカイテンイワイ

福井県 87
フクイダイナウソ　ツブカニヒッツキ
ガケヨウジンボウ

山梨県 91
オオフジヤンマ　カクレユノゴトシ
ジュンスイショウ

長野県 95
ヤママユヒソメ　ミソセンネン
ダマレタスタレナイ

岐阜県 99
アユトリナガラ　ヤネガッショウ
オモリアカサマ

静岡県 103
ビミチャチャイレ　フジアサヤケ
ウミサクラマンカイ

愛知県 107
キンシャチホコラシ　トコシエノシアワセ
シロヘビノテアシ

さくいん 112
資料・コビトを知るための研究書 114

知っておきたいコビトの基礎知識

トウチン

頭についている大切な器官です。どのコビトにもついていて、ものを食べる、空を飛ぶ、狩りをする、呼吸をするなど、その役割や形はさまざまです。トウチンは、コビトにとってひじょうにデリケートな部分だということを覚えておきましょう。

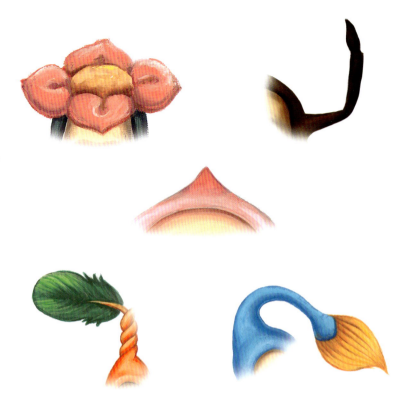

体長について

トウチンが長いコビトは、同じ種類同士でも個体によって長さがちがったり、また中には伸びたり縮んだりして、はっきりした長さがわからないものがいます。そうした場合は、(トウチンは含まない)と表記しています。トウチンが短く、体長がわかりやすいコビトには、この表記はありません。

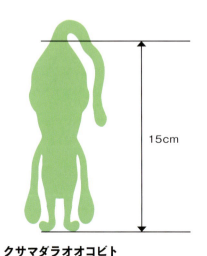

クサマダラオオコビト
体長 15〜20cm（トウチンは含まない）

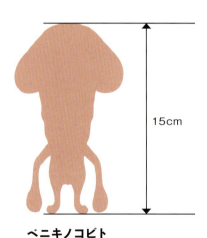

ベニキノコビト
体長 15〜20cm

ヨウニン期、セイニン期

コビトには、成長するにつれて姿や習性を変えるものがいます。こうしたコビトは、子ども時代を「ヨウニン期」、おとな時代を「セイニン期」と区別して呼んでいます。

ヨウニン期　　セイニン期

コウモン（幸紋）

一部のコビトの額に見られるほくろのような斑紋をコウモンと呼んでいます。「幸せの紋章」といわれ、これをもつコビトに出会うと、よいことがあるといわれています。

オスとメスについて

コビトにオスとメスがあるのか、実はまだわかっていません。どうやって子孫を残しているのか、いまだなぞのままです。

変態

コビトの中には手足などを折りたたみ、姿を変えて変身するものがいます。この行動を「変態」と呼んでいます。

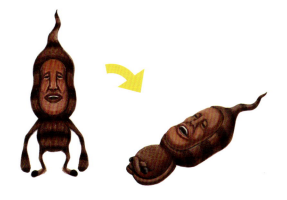

北海道
ほっかいどう

択捉島
えとろふとう

稚内市
わっかないし

オホーツク海
かい

日本海
にほんかい

国後島
くなしりとう

知床半島
しれとこはんとう

色丹島
しこたんとう

旭川市
あさひかわし

大雪山
だいせつざん

富良野
ふらの

歯舞群島
はぼまいぐんとう

夕張市
ゆうばりし

札幌市（道庁）
さっぽろし　どうちょう

苫小牧市
とまこまいし

渡島半島
おしまはんとう

太平洋
たいへいよう

函館市
はこだてし

面積：83421.62㎢
めんせき

人口：約514万人
じんこう　やく　まんにん

道の木：エゾマツ
どう　き

道の花：ハマナス
どう　はな

道の鳥：タンチョウ
どう　とり

7

イッカクヒョウザン
体長 30㎝（トウチンは含まない）

オホーツク海では、毎年1月下旬～3月下旬に流氷を見ることができます。イッカクヒョウザンは、この流氷にまぎれて海を漂っています。硬く長いトウチンの先を海面につき出し、波風にまかせ浮かんでいます。冷たい海に浸り、じっとしているだけで特に何か行動することはありません。体は氷のように冷たく、素手ではもっていられなかったという情報があります。

流氷の天使クリオネ
ハダカカメガイという巻貝の一種。

フリマネダテンシ
体長 3㎝

イッカクヒョウザンの近くには、必ずフリマネダテンシも浮遊しているといわれています。「流氷の天使」といわれるふしぎな生き物、クリオネとそっくりな姿をしています。フリマネダテンシはなかまのふりをしてクリオネに近づき、襲って食べてしまいます。一説によると、イッカクヒョウザンは、クリオネが好む成分を出しているようです。イッカクヒョウザンがクリオネをおびき寄せ、それをフリマネダテンシが捕食していると考えられています。

オホーツク海の流氷

北海道

シシャモノシシャ
体長 15〜18cm

シシャモ（柳葉魚）は、北海道太平洋沿岸だけに生息する日本固有種の貴重な魚です。限られた時期にしか獲ることができず漁獲量も少ないため、魚屋さんで手に入れることはめったにできません。「子持ちシシャモ」として親しまれているものは、ほとんどが輸入の魚で、「シシャモ」とは別の種類の魚です。シシャモノシシャは、日本のシシャモを狙うコビトです。ふだんは川岸のヤナギの木に生息し、葉っぱになりきってくらしています。産卵のためシシャモの群れが川をのぼってくると、川に飛びこみシシャモを襲います。

シシャモ発見！

ヒラヒラとまい降り、

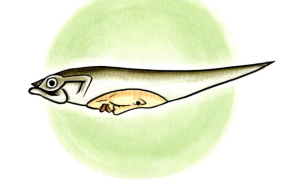

卵を食べると体色が変わり、シシャモに変態。泳ぎまわり、やがて姿を消してしまう。

シシャモに抱きつき、産卵中の卵を奪う。

エゾキリキリマイ
体長 不明・30cmくらい

阿寒摩周国立公園にある摩周湖は、美しい景色と水で有名な湖です。その透明度は、ロシアのバイカル湖についで世界2位、日本では国内1位をほこります。また、なんといっても有名なのは霧。特に6〜9月に多く発生し、とても神秘的な光景を見せてくれています。エゾキリキリマイは、摩周湖のほとりに生息しています。霧とともに現れるため、はっきりした姿はわかっていません。霧の奥で、手をゆらゆらと動かす影だけが確認されています。透明度の高い水と神秘的な霧は、このコビトが関係しているのかもしれません。

摩周湖：流れこむ川がないのに、それでも一定の水量を保っているふしぎな摩周湖。正確には湖というより「大きな水たまり」と考えられている。

フラノサキムラサキ
体長3〜4cm（トウチンは含まない）

北海道の中央部、美瑛町に接する丘陵地帯から富良野盆地一帯にかけての地域は「富良野」と呼ばれ、人気の観光名所です。冬は良質な雪でスキーが楽しめ、他の季節では美しい花畑など四季折々の風景を楽しむことができます。フラノサキムラサキは、ラベンダーが咲く6〜7月ころに現れます。ラベンダーの茎を折り、トウチンを茎に同化させてラベンダーになりすましています。ラベンダーは「ハーブの女王」ともいわれ、その上質な香りはリラックス効果をもたらしてくれます。古くは薬用としても用いられてきました。しかしフラノサキムラサキには、いっさいその効果はありません。

北海道

ユウバリウリホウバリ
体長 15〜18cm
（トウチンは含まない）

夕張市で栽培される「夕張メロン」は、糖度、香り、果肉といずれも評価が高い高級フルーツとして有名で、この地域の農家だけが栽培を許されている貴重品です。ユウバリウリホウバリは、このメロンが大好物。収穫時期の6〜8月になると農園に現れます。大きく口を開け、自分と同じくらいのメロンを丸のみにします。メロンとそっくりな姿なので、外見からはなかなか見わけがつきません。しかし、背中をさするとげっぷのような息を吐くので、怪しいときは試してみるとよいでしょう。

大きな口でメロンを丸のみ。　丸のみにした姿は、メロンと瓜二つ。

富良野のラベンダー畑

サッポロユキダマダマシ
体長15〜20cm

札幌市で毎年2月に開催される「さっぽろ雪まつり」に現れるのが、サッポロユキダマダマシというコビトです。雪像の横で自ら作品になりすまし、まったく動きません。小さな雪の玉を作り、その上に座っていることが多いので、意外と見つけやすいかもしれません。「さっぽろ雪まつり」に行くことがあったら、じっくり雪像を観察してみてください。しかし、そこで何をしたいのか、サッポロユキダマダマシがやってくる理由はなぞのままです。

雪像にまぎれている。

さっぽろ雪まつり：北海道を代表するイベントの一つ。札幌市の大通公園をはじめとする複数の会場で、雪で作られた大小さまざまな像が展示され、毎年多くの観光客でにぎわう。

東北地方(とうほくちほう)

- 青森県(あおもりけん)
- 秋田県(あきたけん)
- 岩手県(いわてけん)
- 山形県(やまがたけん)
- 宮城県(みやぎけん)
- 福島県(ふくしまけん)

日本海(にほんかい)

太平洋(たいへいよう)

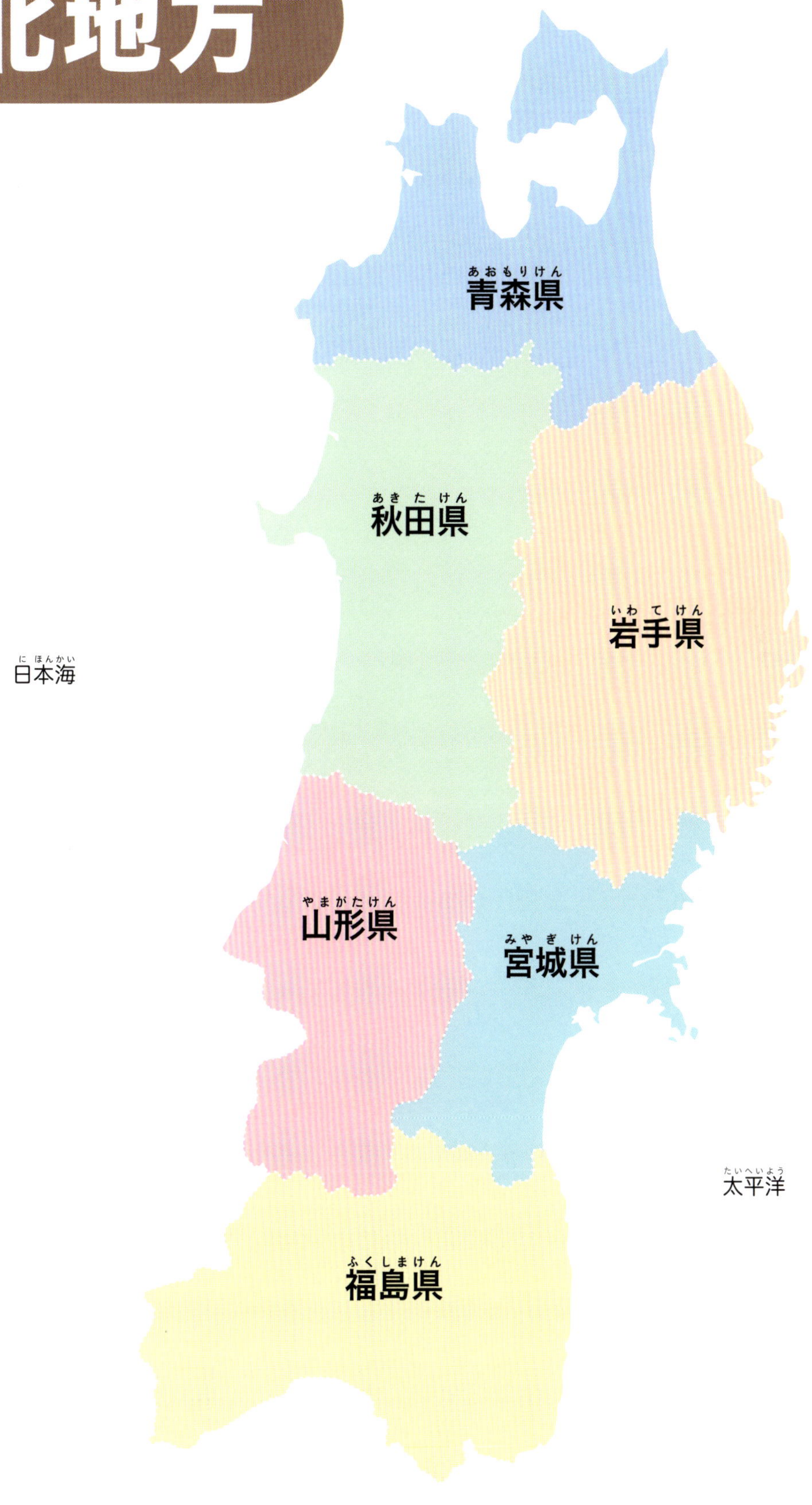

青森県

面積：9645.10km²
人口：約120万人
県の木：ヒバ
県の花：リンゴの花
県の鳥：ハクチョウ

オオマノイカサマ
体長 25cm（トウチンは含まない）

下北半島の大間町は、日本でも有数のクロマグロの産地です。ここで獲れるマグロは脂がとても甘く、うま味も豊かで特に人気があります。オオマノイカサマは、この海域のマグロに寄生するコビトです。マグロの好むイカに似た姿をし、海を漂いながらマグロに食べられるのを待っています。食べられたあとはお腹に居座り、マグロがのみこんだイカや魚をちゃっかり食べてくらします。寄生されたマグロはいちだんと太り、脂が乗っておいしくなるようです。

海の中でマグロをゆうわく。

マグロをさばいているときに見つかることがある。

キンダンカジツ
体長 15〜20cm（トウチンは含まない）

青森県のリンゴ園に現れ、リンゴの木に寄生します。トウチンを枝につき刺し、大きくなっていきます。寄生された木は、いちだんとおいしく、豊かな実を結ぶといわれています。これはキンダンカジツが刺したトウチンから、特しゅな液を注入しているせいだと考えられています。また、リンゴの種類によって体色も変わります。リンゴの収穫の時期をむかえるころ、キンダンカジツは自らトウチンを切りはなし姿を消します。青森県はリンゴ栽培が盛んで、収穫量も全国で最も多いところですが、この固有種が関係しているのかもしれません。

リンゴシンクイ

リンゴの実に寄生する。寄生した実は、蜜の量が増大する。このコビトとキンダンカジツが同時に寄生すると「奇跡のリンゴ」が実るといわれているが、二人が遭遇することはめったにない。

青森県

オナヤミイオウ
体長 15cm

むつ市にある恐山は、高野山（和歌山県）、比叡山（滋賀県、京都府）と並ぶ「日本三大霊場」として有名な場所です。恐山は活火山で、むき出しの岩肌から火山ガスがふき出て、硫黄臭が立ちこめています。ここに生息するオナヤミイオウは、積まれた石の上でじっと座っています。何を食べているのかなど、くわしいことはわかっていません。河原などにくらす、ウマリガワラのなかまという説もあります。

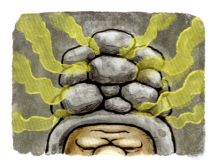

トウチンからは強い硫黄臭を出す。

そっと悩みごとを話すと、気が楽になるといわれている。

恐山：ここは、「三途の川」「地獄」「極楽」といった死後の世界をかいま見られる場所としても有名だ。

ウマリガワラ
河原（まれに海岸）に生息。まわりの石にまぎれているため、見つけるのは難しい。

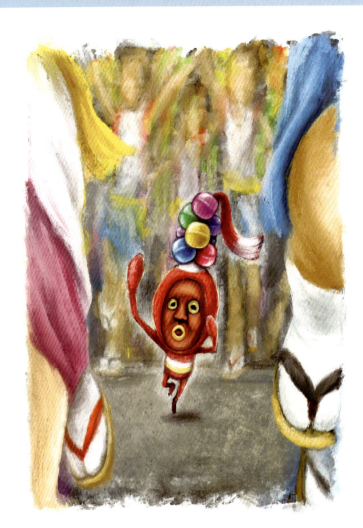

ネブラッセラ
体長 15cm（トウチンは含まない）

青森県の夏の風物詩として知られているのが「青森ねぶた祭」。この「青森ねぶた祭」に欠かせないものに「金魚ねぶた」という飾り物があります。ネブラッセラは、この「金魚ねぶた」に寄ってくるコビトです。お祭りのさいちゅう、飛びはねながら移動する姿が目撃されています。

トウチンには、鈴のようなものがついている。お祭りのあと、まれに落ちていることがあるが、これを拾うと幸運にめぐまれるといわれている。

金魚ねぶた：本来は子どもたちが提灯としてもち歩くために作られたもので、弘前ではじまった風習とされている。

ねぶた祭：青森市、弘前市、五所川原市のものは「三大ねぶた祭り」として特に有名だが、実は県内のさまざまな地域で行われており、その数は40以上もあるといわれている。ちなみに青森市では「ねぶた」、弘前市では「ねぷた」と地域によって呼び名は異なる。

ネブラッセラは金魚ねぶたの中で眠る。

岩手県(いわてけん)

面積：15275.02㎢
人口：約118万人
県の木：ナンブアカマツ
県の花：キリ
県の鳥：キジ

ケナガカワワッパ
体長 20cm（トウチンは含まない）

遠野地方の小川に生息するカワコビトのなかまです。ヒレの役割があるトウチンは、側面に毛が生えています。すばやく泳ぎ、魚やカエルなどを捕まえます。獲物を捕まえてもすぐには食べず、岸にあがって必ずひと休み。その姿から、伝説の「カッパ」とまちがえられることがあります。一説によると、キュウリの香りに弱く、おびき出されることがあるといわれていますが、定かではありません。

キュウリにつられ、カッパ捕りの罠にかかることも。

狩りのあとは、岸にあがってひと休み。

オオヒレカワコビト
川に生息。ヒレ状のトウチンで水中を泳ぎ、魚などを食べる。このなかまはケナガカワワッパを含め5種類ほど発見されているが、総称として「カワコビト」と呼んでいる。その代表的なものに、オオヒレカワコビトがいる。

岩手県

ハタキワラシ
体長 10cm

ハタキワラシは、岩手県の古民家に住みつくイエコビトの一種です。座敷が大好きで、畳の縁を行ったりきたりして遊びます。ほこりを見つけると、ハタキツボネと同様にトウチンで掃く習性がありますが、あまりじょうずに掃くことはできません。かえってほこりを立たせてしまったり、物を壊してしまったりすることから、別名「ザシキアラシ」とも呼ばれています。座敷がほこりっぽく感じたら、ハタキワラシがいる可能性があるので、空気清浄機を設置することをおすすめします。

つい調子に乗って物を壊すことがある。

掃き掃除が得意だが、掃除ロボットがあるとなまけてしまう。

ハタキツボネ
イエコビトの一種。ほこりが大きらい。伸び縮みするトウチンを使い、部屋のすみずみまで掃いてまわる。

モクスミッコ
体長 15〜20cm

広大な森林をもつ岩手県は、木炭の生産量がいたって豊富なエリアです。木炭になりすましているモクスミッコは、この地域に生息しています。木炭の集積場にまぎれこみ、木炭をこっそりなめて栄養にしています。木炭には消臭・脱臭効果があるといわれていますが、モクスミッコはその倍の効果を発揮します。もし、このコビトと出会えたら、ぜひ玄関やトイレに連れていってみてください。まれに木炭といっしょに出荷されてしまうことがあるようです。焼き鳥屋さん、うなぎ屋さん、焼肉店、キャンプ場など、炭を使う場所に行ったら、よく観察してみるのもいいでしょう。

モクスミッコの消臭力は高い。

まれに出荷されてしまうことがある。

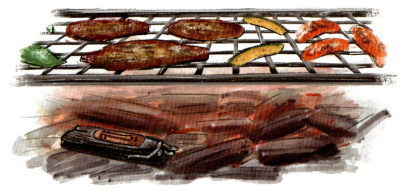

炭を使うと、遠赤外線によって食材にしっかり火が通り、おいしさを閉じこめることができる。モクスミッコが交じると、さらに香りもよくなる。

宮城県

面積：7282.29k㎡
人口：約228万人
県の木：ケヤキ
県の花：ミヤギノハギ
県の鳥：ガン

コケシニナルコ
体長 10〜15cm（トウチンは含まない）

宮城県の名産品「こけし」が大好きなコビトです。ヨウニン期のトウチンは鋭い鑿のような形をし、前歯はとてもがんじょう。気に入った「こけし」を見つけると、トウチンで小さな穴を開けてもぐりこんでしまいます。そして長い時間をかけ、セイニン期へと成長していくのです。前歯を使って穴を広げ、木の削りカスを食べて栄養にします。やがてセイニン期をむかえると、「こけし」の胴体に穴を開け、顔、手足を出して動きまわります。このとき、前歯は抜けおちてなくなっていますが、家の中にあるお菓子などの食べ物をあさって食べるようになります。

ヨウニン期の前歯は鋭い。

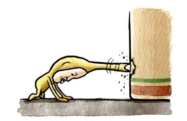

胴体に穴を開け、

もぐりこむ。

削りカスを食べて成長。

セイニン期はごらんのとおり。
こけしを外したセイニン期の姿は、まだだれも知らない。

宮城県

マツシマトリツクシマ
体長 15〜25cm

宮城県北東部の松島は、天橋立（京都府）、宮島（広島県）と並び、「日本三景」と呼ばれるとても有名な景勝地です。その湾内に浮かぶ島々には、固有種マツシマトリツクシマが住みついているといわれています。マツの葉に似せたトウシンをもち、体色も岩肌にカムフラージュしているため、見つけだすのはとても困難です。また、とりつく島によって色や姿が変化します。遊覧船に乗って島々をしっかり観察すると見つかるかもしれませんが、めったにお目にかかることはできません。

カモメに気に入られ、

小さな命が生まれることも。

松島湾：約260もの島々が浮かぶ。

マボヤボウヤ
体長 15cm

海の珍味で知られているホヤ（マボヤ）は、海底でくらすふしぎな生き物です。マボヤボウヤは、秋になるとホヤが群生している場所にやってきて、海底でじっとしています。ホヤの卵が好物といわれ、産卵期を目当てに姿を現すと考えられています。ホヤの水揚げがはじまる5月ころには姿を消してしまうので、まちがえて出荷されることはありません。

片方のトウチンから海水といっしょにホヤの卵を吸いこみ、もう片方から余分な海水を吐きだす。

ホヤ：その形から「海のパイナップル」ともいわれている。5つの味（甘味、酸味、塩味、苦味、うま味）を合わせもち、お酒のおともにぴったりの食材。ホヤの養殖が盛んな宮城県は、全国でも高い生産量、消費量をほこっている。

秋田県(あきたけん)

面積(めんせき)：11637.52k㎡
人口(じんこう)：約93万人(やくまんにん)
県(けん)の木(き)：秋田杉(あきたすぎ)
県(けん)の花(はな)：フキノトウ
県(けん)の鳥(とり)：ヤマドリ

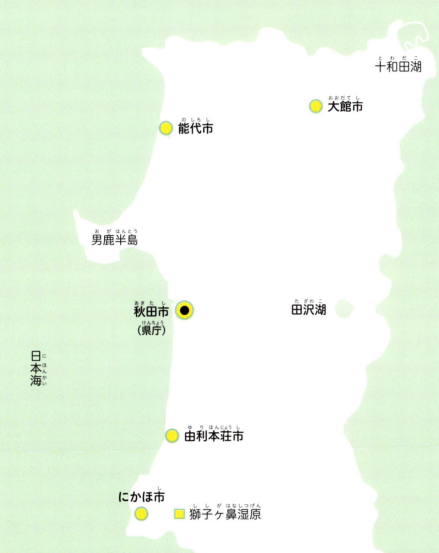

キリタンボッコ
体長 15 〜 17cm
（トウチンは含まない）

秋田の郷土料理といえば、肉や野菜、キノコなどの具材と「たんぽ」を入れた「きりたんぽ鍋」が有名です。「たんぽ」とは、つきつぶしたご飯を棒ににぎりつけたもの。それを焼いたものを「きりたんぽ」と呼んでいます。キリタンボッコは、この「きりたんぽ」になりすますコビトです。トウチンでご飯をつかみ、器用に体にぬりつけ「きりたんぽ」とそっくりな姿になります。囲炉裏などで「たんぽ」をあぶっているとこっそりまぎれこみ、ほんのり焼き色がつくまでじっとしています。食べられてしまう前にさっさと姿をくらますので、なかなか見つけることができません。

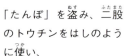
「たんぽ」を盗み、二股のトウチンをはしのように使い、

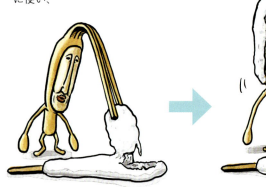
ご飯を全身にぬりつけ、

変身完了。

秋田県

アガリココウタイシ
体長 10cm（トウチンは含まない）

秋田県にかほ市に広がる獅子ヶ鼻湿原には、「あがりこ大王」と呼ばれる樹齢300年（推定）のブナの巨木が生えています。一つのブナからたくさんの子が生え、とても神秘的な姿をしています。この一帯は、「燭台ブナ」「あがりこ女王」といった同じような異形ブナも有名です。この貴重なエリアで目撃されたのがアガリココウタイシ。何を食べているのかなど、くわしいことはわかっていません。何百年も生きつづけ、生命力あふれる大木には「精霊が宿る」といわれています。このアガリココウタイシも、何か神秘的な力をもっているのかもしれません。

あがりこ大王

燭台ブナ

異形ブナ：かつて人によって枝が伐採され、その部分から新しい芽が出て、このような形になったといわれている。

あがりこ女王

メンオニギョウソウ
体長 10cm（トウチンは含まない）

男鹿半島周辺の山中に生息しています。主に木の実、果実や葉を食べていますが、冬になると人家にも現れ、米や野菜、餅などをこっそり食べてしまいます。人に見つかるとお面のようなトウチンを顔にかぶせ、足をふみ鳴らし大きな音を立てて威嚇します。しかし、本来おくびょうな性格なので、襲いかかってくることはありません。そっとしておけば、いずれいなくなってしまいます。メンオニギョウソウは「男鹿のナマハゲ」の起源という説がありますが、定かではありません。

見つかると、威嚇してくる。トウチンで顔を隠すのは、かわいらしい素顔を見られたくないから。

重要無形民俗文化財「男鹿のナマハゲ」

お酒好き。お猪口をさし出すと、顔を見せないようにすばやく飲みほす。

山形県

面積：9323.15k㎡
人口：約104万人
県の木：サクランボ
県の花：ベニバナ
県の鳥：オシドリ

ベニガサオドリ
体長 8㎝（トウチンは含まない）

黄色い花をつけるキク科のベニバナ（紅花）は、昔から天然色素として和菓子、めん類、つけ物や染料などに使われてきました。その種からは、体にいいオレイン酸を多く含み、あっさり軽い良質の「紅花油」が採れます。ベニバナは、全国でも最上川流域で最も盛んに生産され、山形県の県花にも指定されています。ベニガサオドリは、7月になるころベニバナ畑に現れ、花にまぎれてすごします。くわしい生態はわかっていませんが、花や種を食べていると考えられています。「山形花笠まつり」の菅笠は、ベニガサオドリからイメージされたという説もあります。

山形県の風物詩「山形花笠まつり」

山形県

オカザリオウショウ
体長 3cm（巨大化すると 30cm）

将棋の駒の生産地として有名な天童市に生息しています。将棋の駒の箱にもぐりこみ、「王将」になりすましています。オカザリオウショウを王将として使ってしまうと、なぜかミスが多くなり、格下の相手に負けてしまうことがあるので、真剣勝負のときは注意が必要です。おかしなところに「王将」が転がっていたら、駒の箱の中にはオカザリオウショウがいると思ってまちがいありません。何を食べているかはわかりませんが、とつぜん巨大化することがあります。巨大化したものは「飾り駒」になりすまし、ちゃっかり床の間に陣取ってしまいます。天童市で生まれた置物「飾り駒」は、縁起物として重宝されていますが、オカザリオウショウを飾っても何も効果はありません。

駒の箱をよく振ってばら撒けば、オカザリオウショウは目を回すので見わけることができる。

まれに巨大化し、飾り駒になりすますことがある。

将棋の駒：箱の中に、オカザリオウショウがまぎれこんでいるかもしれない。

ヨウナシケイタイ
体長 15〜18cm（トウチンは含まない）

西洋梨の生産地は日本各地にありますが、トップをほこるのが山形県です。特に庄内地域は「洋梨王国」とも呼ばれるほど栽培が盛んなところで、この地方の農園ではヨウナシケイタイという固有種が目撃されています。ヨウナシケイタイは、トウチンを木に同化させ養分を吸ってくらしています。このコビトがつくと香りも糖度も高くなり、よい西洋梨が実るといわれています。

収穫された西洋梨：まれに、ヨウナシケイタイも収穫されてしまうことがある。

福島県
ふくしまけん

面積：13784.39㎢
人口：約179万人
県の木：ケヤキ
県の花：ネモトシャクナゲ
県の鳥：キビタキ

福島市（県庁）
五色沼湖沼群
磐梯山
会津若松市
田村市
猪苗代湖
郡山市

太平洋

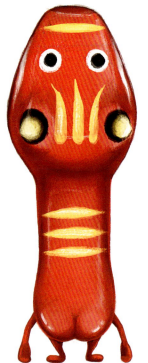

アカベココウベ
体長 8 〜 12cm

会津若松市の郷土玩具「赤べこ」は、古くから厄除けや魔除け、幸運を呼ぶものとして親しまれてきました。夜行性のアカベココウベは、この張子の中にもぐりこみ、昼間はじっとして動きません。「赤べこ」の頭に似せたトウチンをつき出し、触れるとゆらゆらと動かすので、本物の「赤べこ」となかなか見わけることができません。夜になると張子を抜けだし、食卓のあまり物などをこっそり食べてしまいます。夜中に、冷蔵庫を開けて物色していたという報告もあります。

昼間は、せまい張子の中で眠っている。

赤べこ：「べこ」は東北地方で牛のこと。病気をはらう色として、体は赤くぬられている。

眠りながら、たまに体勢をくずすときがある。触れてもいないのに頭が動くときは、アカベココウベがひそんでいる可能性が高い。

福島県

ヌマゴショクギョウ
体長 15～18cm
（トウチンは含まない）

磐梯山の北、裏磐梯には「五色沼湖沼群」といわれる大小30あまりの湖沼が連なるエリアがあります。最も大きな「毘沙門沼」をはじめ、「赤沼」「みどろ沼」「弁天沼」「るり沼」「青沼」など多くの湖沼が点在しています。ヌマゴショクギョウは、この一帯の湖沼に生息しているコビトです。くわしいことはわかっていませんが、「五色沼湖沼群」が美しい色になるのには、このコビトが関係していると考えられています。

五色沼湖沼群：場所によって、その水面の色が変わる。エメラルドグリーン、コバルトブルー、ターコイズブルーなど、さまざまな色彩を楽しむことができ、人気の絶景ポイントになっている。

トウチンをゆらゆら動かす姿は、とても神秘的。

アブクマタチショウニュウ
体長 25〜30cm

田村市には、「日本六大鍾乳洞」で知られる「あぶくま洞」があります。全長約600メートルの洞内には、天井から下がる大きな鍾乳石や、地面に立つ石筍などを見ることができます。アブクマタチショウニュウは石筍にまぎれ、じっとたたずんでいます。何を食べているのかなど、くわしい生態はまだわかっていません。アブクマタチショウニュウの上には、同じく鍾乳洞でくらすタレショウニュウがぶら下がっている可能性があります。

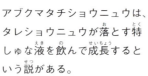

アブクマタチショウニュウは、タレショウニュウが落とす特しゅな液を飲んで成長するという説がある。

あぶくま洞：8000万年もの年月をかけて造られた神秘の鍾乳洞。鍾乳石の種類と数の多さは、東洋一ともいわれている。

タレショウニュウ
鍾乳洞に生息し、つねに天井からぶら下がっている。トウチンからにじみ出す液は、栄養満点といわれている。

関東地方

- 栃木県（とちぎけん）
- 群馬県（ぐんまけん）
- 茨城県（いばらきけん）
- 埼玉県（さいたまけん）
- 東京都（とうきょうと）
- 千葉県（ちばけん）
- 神奈川県（かながわけん）

茨城県

面積：6097.56km²
人口：約284万人
県の木：ウメ
県の花：バラ
県の鳥：ヒバリ

ミトネバリ
体長 5cm

茨城県の名産品として有名なのが、「水戸納豆」です。小粒で粘り強く、風味豊かでご飯にからみやすいと評判です。納豆はパック入りのものをよく目にしますが、昔ながらの製法で作る「わら納豆」もたいへん人気です。わらが適度に水分を吸収するため、ほどよい歯ごたえと濃厚な風味が特ちょうです。ミトネバリは、この「わら納豆」にもぐりこむコビトです。納豆に埋もれ、ゆっくり熟成されるのが好きだといわれていますが、くわしいことはわかっていません。ミトネバリが入りこむと、納豆の粘りはいっそう強くなるようです。

体はネバネバ。見つけても、素手で触るのはやめよう。

おいしい水戸納豆：納豆には数種類のビタミンが含まれており、とても体によい。日本伝統のスーパーフードだ。

茨城県

ヒタチノゴチソウ
体長 15～20cm（トウチンは含まない）

日立市から常陸太田市にかけての山地で発見された「カンブリア紀地層」。5億年も前にできた日本最古の地層ともいわれ、注目を集めています。ヒタチノゴチソウは、このエリアで発見されました。石に同化しているため、なかなか見つけることはできません。カンブリア紀の海の生物「三葉虫」に似た姿をしています。

古代生物「三葉虫」の化石

ウシクワッカマル
体長 10cm

牛久市にたたずむ巨大な青銅製の「牛久大仏」には、ウシクワッカマルというコビトが居ついているようです。大仏が建てられたのは1993年なので、「新しく誕生した新種」という説と、「地上にいたコビトが大仏に居ついた」という説があります。大仏の指先や、頭の上に座っていたという情報がありますが、とても小さなコビトのため、なかなか見つけることはできません。目撃例の少ないコビトです。

牛久大仏：全高120メートル。ギネスブックには「世界一の大きさのブロンズ製仏像」として登録されている。内部は5階建てになっていて、「仏教の世界観」を知ることができるさまざまな展示や、体験コーナーがある。最上階は、関東平野を一望できる絶景スポット。

栃木県

- 那須町
- 那須塩原市
- 日光東照宮
- 宇都宮市（県庁）
- 栃木市
- 足利市
- 小山市

面積：6408.09k㎡
人口：約191万人
県の木：トチノキ
県の花：ヤシオツツジ
県の鳥：オオルリ

ソギボシビョウタン
体長 12cm（トウチンは含まない）

ユウガオの果肉をうすく細長くむき、乾燥させたものを「かんぴょう」（干瓢）といいます。ソギボシビョウタンは、ユウガオの実がなるころに現れます。特ちょうのある前歯で、果肉をうすく細長くむく、ふしぎな習性があります。ソギボシビョウタンがむいたものを天日干しにすると、より栄養価の高い上質の「かんぴょう」に仕上がります。

ユウガオの果肉をむくソギボシビョウタン。それを食べるわけでもなく、ただむくだけ。なぜそうするのか、まったくのなぞである。

かんぴょうの天日干し

ユウガオの実： かんぴょうは、甘辛く煮て主に「のり巻き」に使われるが、ほかにも煮物や炒め物に入れるなど料理の仕方はさまざま。カルシウム、カリウム、リン、鉄分に加えて、食物繊維がとても豊富で、健康食品として注目されている。

のり巻き

栃木県

ニッコウウゴカザル
体長 15～18cm

日光市にある「日光東照宮」は、江戸幕府を開いた徳川家康を祀った神社です。国宝、重要文化財など数々の貴重な建物が並び、豪華で美しいさまは圧巻です。また、世界遺産にも登録されています。その中の神厩舎には、有名な「三猿」（見ざる、言わざる、聞かざる）をはじめ、全部で16体のサルの木彫りが施されています。ニッコウウゴカザルは、このサルの彫刻にまぎれこむ習性をもっています。どこかのサルの近くでじっとしているはずなので、よく目をこらして観察してみてください。

サルの彫刻にまぎれこみ、微動だにしない。

日光東照宮の「眠り猫」と「三猿」の彫刻：それぞれの建造物には、干支、ネコ、ゾウから想像上の動物まで、さまざまな木彫りの動物が飾られている。どんな動物がいるか、それらを探すのも楽しい。

キュウビジン

体長 25cm（トウチンは含まない）

那須町の湯本温泉付近には「殺生石」という巨大な溶岩があります。この岩は、平安時代「九尾の狐」という妖怪が退治され、「殺生石」になったという伝説があるミステリースポットです。ところが2022年、この大きな岩がとつぜん割れるという事件が起きました。以前より、「殺生石」の上でくつろぐキュウビジンの姿が目撃されていましたが、割れてからさらに目撃情報が多くなっているようです。くわしい生態はわかっていませんが、悪事をはたらく「九尾の狐」とキュウビジンは、まったく関係はありません。

殺生石と割れた殺生石
とつぜん割れた殺生石。「九尾の狐が封印を解いて逃げ出した」とのうわさもあるが、あくまでこれは自然現象とのこと。

群馬県
ぐんまけん

面積：6362.28㎢
人口：約191万人
県の木：クロマツ
県の花：レンゲツツジ
県の鳥：ヤマドリ

タカサキデルメタイシ
体長 12cm

群馬県は「だるま」の生産量、日本一。中でも「高崎だるま」の顔には「まゆ毛は鶴、鼻から口ひげは亀」が表現されていて、長寿と福を呼ぶ縁起物として有名です。タカサキデルメタイシは、「高崎だるま」が大好き。自分より大きな「だるま」を見つけると、こっそりもぐりこんでしまいます。なぜそうするのかはわかりません。しかし、このコビトが入った「だるま」の目には、いつのまにか黒目が浮かびあがってしまいます。

こむずかしい顔つきだが、福を呼ぶコビト。
額にはコウモン（幸紋）が見られる。

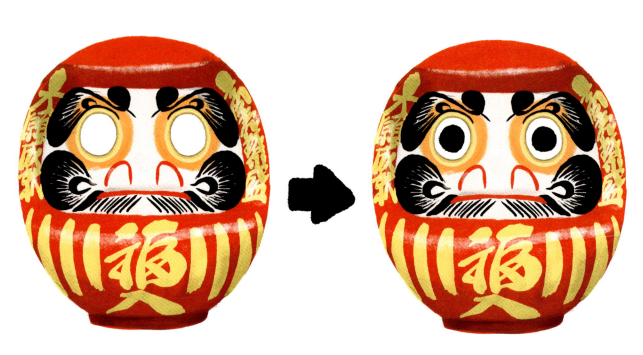

「何もしていないのにとつぜん目玉が入った！」これは吉兆の証拠。

群馬県

ユモミチョイナ
体長 30cm

「草津温泉」は、「有馬温泉」(兵庫県)、下呂温泉(岐阜県)とともに「日本三名泉」に数えられ、「天下の名湯」として有名です。源泉の温度が50〜90度と高いため、長い木の板でお湯をかき混ぜ冷まします。これを「湯もみ」と呼んでいます。「湯もみ」がはじまると、ユモミチョイナはどこからともなく現れ、板にはりついてしまいます。熱い温泉が好きなのでしょうか、なぜそうするのかはわかっていません。いつも温泉に浸かっているせいか、顔の肌はとてもすべすべしています。

湯もみ板に必死ではりつく。ふり落とされることはまずない。

草津温泉の湯もみ：温度を下げるのに水を入れてしまうと、せっかくの温泉成分がうすまってしまうため「湯もみ」を行う。浴槽のわきに人が並び、「チョイナチョイナ」のかけ声とともにお湯をかき混ぜる光景は、草津温泉の名物。

コンニャクダネ
体長 10 〜 12cm
(トウチンは含まない)

群馬県はこんにゃくの生産量、日本一。コンニャクダネは、この地方に生息する固有種です。こんにゃくの原料となる、こんにゃく芋とそっくりな姿をしています。こんにゃく芋の生産農家が使う「種芋」にまぎれこむといわれています。

群馬県でこんにゃく芋栽培が盛んになったのには、このコビトが関係しているのかもしれない。

こんにゃく畑

こんにゃく芋

埼玉県

面積：3797.75k㎡
人口：約734万人
県の木：ケヤキ
県の花：サクラソウ
県の鳥：シラコバト

アセダクリクユデダコ
体長 15cm（トウチンは含まない）

日本の夏（6〜8月）の平均気温は、少しずつ上昇しているようです。最高気温が25度以上は「夏日」、30度を超えると「真夏日」、そして35度以上の日は「猛暑日」と区別されています。熊谷市は、真夏の気温が高いことで知られています。関東平野の奥まったところに位置しているため、海からの風が入りにくいのと、風が東京などの大都市を通ることによってさらに暖められてしまうのが要因だといわれています。熊谷市の固有種アセダクリクユデダコは、猛暑日、道ばたや縁の下などの陰で目撃されています。だらっとした姿勢で全身汗だく。大量の汗を流し、まったく動きません。猛暑日に現れただ汗をかく、その理由はなぞです。4本の長いトウチンがあり、まるでタコのような姿をしています。

かんかん照りなのに、みょうな水溜まりがあるときは、近くにアセダクリクユデダコがいるかもしれない。

埼玉県

フカヤネギマギレ
体長 50 〜 60cm（トウチンは含まない）

フカヤネギマギレは、深谷市の特産品であるネギにまぎれてくらしています。「糖度が高く甘味が強い」「繊維がきめ細かくて柔らかい」「白く美しい」のが「深谷ねぎ」の特ちょうです。フカヤネギマギレがネギを育てる養分を出しているのか、ネギから養分を吸いとっているのか、まだわかっていません。

逆さまになってネギといっしょに埋まっている。

深谷ねぎ：冬の深谷ねぎは、いちだんと糖度を増す。

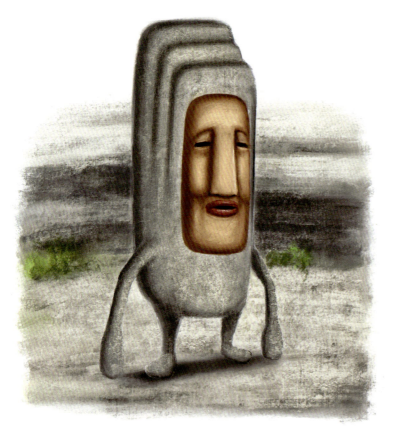

岩畳：国の名勝・天然記念物に指定されている。

岩を削ってどうしたいのか、その理由はわかっていない。

タニタタミショクニン
体長 20〜30cm

埼玉県の北西部に位置する長瀞町。豊かな自然と歴史ある神社やお寺が点在し、季節の花々も楽しめる人気の観光エリアです。町のまん中は荒川が流れる渓谷となっていて、川の両岸にある「岩畳」は、岩が幾重にも重なるふしぎな地形をしています。タニタタミショクニンは、この「岩畳」に似た姿をしています。トウチンでせっせと岩を削っている姿が目撃されていることから、この地形を造ったのはこのコビトかもしれないといわれています。

長瀞ラインくだり：「瀞」とは、川が深く、流れがとても静かなところをいう。船に乗って、ゆっくり景色を楽しめる「ラインくだり」はとても人気が高い。

千葉県

面積：5156.72km²
人口：約627万人
県の木：マキ
県の花：菜の花
県の鳥：ホオジロ

- 松戸市
- 市川市
- 船橋市
- 八街市
- ●千葉市（県庁）

東京湾
九十九里浜
太平洋

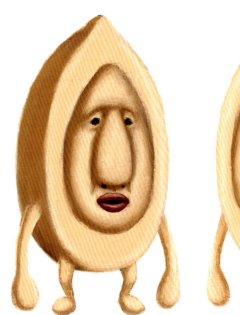

ハグラッカセイ
体長 1.5cm

北部の八街市は、落花生(ピーナッツ)の生産量が日本一。甘くておいしいと評判です。ハグラッカセイは、落花生に寄生します。二人一組のペアで抱きあい、殻の中にもぐりこんでいます。抱きあうと、なぜか体色が濃くなっていきます。熱にとても強く、ゆでられたり炒られたりしても、抱きあったままびくともしません。ただ、まちがえて口に入れてしまうと、二人はバラバラに逃げようとします。口の中がモゾモゾしたときには、すぐに吐きだしてください。また、みょうに色が濃い落花生があれば、口に入れる前によくたしかめましょう。

殻に収まるハグラッカセイ。
一つの殻に二組入っていることもある。

 カゾクグルミ　　 アマクリソツ

ペアで抱きあう習性から、カゾクグルミやアマクリソツのなかまだと考えられている。

同じく落花生に寄生するナツカラナカミ、ナツカラソトミとは別種。

ナツカラナカミ　　ナツカラソトミ

千葉県

チバマンスイ
体長 10 〜 12cm

千葉県は江戸時代からつづく梨の産地で、生産量、栽培面積、産出額ともに日本一をほこっています。千葉県の土は火山灰が多く栄養分を保つ力があり、水はけがよいことなどから、梨の栽培にとても適しているのです。梨の出荷時期をむかえるころになるとチバマンスイは現れ、トウチンを枝にからませてぶら下がります。体内には水分が満ちあふれ、体から大量の汁をにじませています。収穫されそうになると姿を消してしまうので、まちがって出荷されることはまずありません。

汗のように大量の汁をしたたり落とす。梨の木の下がみょうに濡れていれば、このコビトが寄生している可能性が高い。

集団で樽の「もろみ」に浸かるモロミエホウシ。トウチンからは、特しゅな成分が出ているようだ。

モロミエホウシ
体長 10 〜 15cm

江戸時代「大量に醤油を使う江戸の町が近かった」ということと、「川を使って運ぶのに便利」という理由で、古くから千葉県は醤油作りが盛んな場所でした。今でも醤油の生産量は、全国でもトップクラスをほこります。醤油は、蒸した大豆、炒った小麦に麹菌を加え「麹」を作り、食塩水を混ぜて「もろみ」を作ります。これを樽で寝かせ、発酵と熟成をさせていきます。このとき現れるのが、モロミエホウシ。なぜか「もろみ」に浸かるのが大好き。だれにも気づかれないよう、樽の中にもぐりこみます。偶然発見した人の証言によると、「まるで温泉に浸かっているようだった」とのこと。「もろみ」が発酵するとぷつぷつと泡立ちますが、もしかしたらモロミエホウシも何か泡を出しているのかもしれません。

醤油もろみの発酵

東京都

(日本の首都)

面積：2199.93㎢
人口：約1404万人
都の木：イチョウ
都の花：ソメイヨシノ
都の鳥：ユリカモメ

ウドジョオウ
体長 15cm（トウチンは含まない）

ウドは数少ない日本原産の野菜で、古くは平安時代から食べられてきました。江戸時代から立川市、武蔵野市、国分寺市、小平市のあたりはウドの栽培が盛んで、今では「東京うど」という特産品になっています。「東京うど」は、光の届かない「むろ」と呼ばれる地下の穴ぐらで栽培されています。ウドジョオウは「むろ」に入って土にもぐり、トウチンをぐんぐん伸ばします。それに共鳴するかのように、まわりのウドも生長を早め、りっぱにおいしく育っていきます。

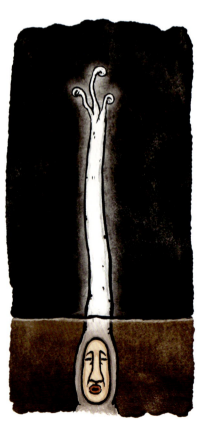

伸びたトウチンは、白く美しい。

東京うどの栽培：「東京うど」は、独特の香りとシャキシャキとした食感が特ちょう。水分が多く、食物繊維や栄養も豊富である。「むろ」で育てたものを「軟化ウド」、野山やビニールハウスで栽培したものを「山ウド」と区別する。山ウドは、先が少し緑なので区別しやすい。

東京都

シマコウモリコモリ
体長 5cm

小笠原諸島は、東京都心から南に1000kmも離れた太平洋上の島々です。ここでは鳥、植物、昆虫などの貴重な固有種を見ることができます。その中でも有名なのは、オガサワラオオコウモリ。シマコウモリコモリは、このコウモリに寄生しています。どうやって身につけたのか、甘えじょうずで、ちゃっかり子どものコウモリになりすまします。コウモリと行動をともにすることで守られ、えさを分けてもらいながらくらしているのです。

オガサワラオオコウモリ
体長20〜25cmほどで、翼を広げると80cmくらい。夜行性で果実や葉を食べてくらしている。日本の固有種で、国の天然記念物に指定されている。

シマコウモリコモリは飛ぶことはできないため、いつもコウモリにしがみついている。昼間は、翼の中で甘えて眠る。

小笠原：大小30あまりの島々のうち、人が住んでいるのは「父島」と「母島」だけ。どちらも住所は「東京都小笠原村」。空港がなく、都心から船で24時間かかる。

トナイノリテツ
体長 5cm

東京都内の電車の中に現れます。混雑しているときは座席の下や、荷物棚の上に身を隠しています。早朝、深夜の人目につかない時間帯になると、吊り革に乗ったり、ぶら下がったりして遊びます。リングのようなトウチンは、実は二股に分かれていて、第二の手として機能します。電車が他県に入る直前の駅で、トナイノリテツは必ず下車します。都内で電車を乗り換えることもありますが、なぜそうするのかはわかっていません。乗る電車や車内の色によって、体色を変えるといわれています。

吊り革にぶら下がって遊ぶのが好き。また、電車の音にも興味があるらしい。

座席の下で身を隠している。

東京都

トビダイトカイ
体長 20cm

港区にそびえ立つ「東京タワー」は、1958年テレビ、ラジオの電波塔として作られました。電波塔としての役割の多くは「東京スカイツリー」に引きつがれましたが、今も昔も変わらない東京のシンボルとして人気があります。トビダイトカイは、東京タワーに住みついているコビトです。いつどこから現れたのかは不明で、これまでに一体しか確認されていません。脇の下には膜があり、鉄骨から鉄骨へと滑空して飛びうつる姿が目撃されています。なぜそうするのか、何を食べているのか、まったくわかっていません。

滑空するトビダイトカイ。展望台から紙飛行機のようなものが見えたら、このコビトかもしれない。

東京タワー：高さは333メートル。美しいフォルムで、夜のライトアップも大人気。

テラケムリ
体長 10〜15cm（トウチンは含まない）

浅草の「浅草寺」の「常香炉」の中にひそんでいるコビトです。「常香炉」とは、境内にある大きな香炉のこと。本堂を参拝する前にお線香をお供えし、煙をあびて身を清めます。テラケムリは灰に埋まり、トウチンをつき出して、ゆっくり煙を噴出させています。この煙はお線香の煙とはちがう特しゅなもので、運よくあびることができれば、清めの効果が増し、運気があがるといわれています。テラケムリを探そうとお線香を抜いたり、灰をかきまわしたりしてはいけません。刺激されると、テラケムリは灰の奥にもぐってしまいます。そうなると、ありがたい煙をあびるせっかくのチャンスが失われてしまいます。

浅草寺の常香炉：身を清めるためのもの。お線香を供えるときは、礼儀正しく静かに。

神奈川県
かながわけん

相模原市(さがみはらし)
川崎市(かわさきし)
横浜市(よこはまし)(県庁(けんちょう)) ●
横浜中華街(よこはまちゅうかがい)
藤沢市(ふじさわし)
鎌倉市(かまくらし)
東京湾(とうきょうわん)
小田原市(おだわらし)
大涌谷(おおわくだに)
相模湾(さがみわん)

面積(めんせき):2416.32㎢
人口(じんこう):約(やく)923万人(まんにん)
県(けん)の木(き):イチョウ
県(けん)の花(はな):ヤマユリ
県(けん)の鳥(とり):カモメ

クロホウギョク
体長 5～6cm

箱根山の火山群の一つ「大涌谷」は、豊富な地熱が湧きでていて、火山活動の息吹を感じられる景勝地です。ここに湧く「温泉池」で卵をゆでると、池の成分が付着し、黒い殻のゆで卵に仕上がります。これは「大涌谷黒たまご」として、人気の高いお土産品になっています。クロホウギョクは、この「黒たまご」を作るときに現れます。元の体色は白く、他の卵と見わけがつきません。80度の「温泉池」でゆでられていくうちに、全身は硬い殻におおわれ、まっ黒く変色します。「黒たまご」ができあがるころ、クロホウギョクはそっと逃げだし、噴煙が立ちのぼる岩場へと姿を消してしまいます。

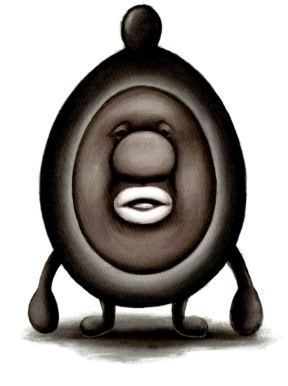

外は黒でも中身は白い。頭部の殻が割れ、白いトウチンがはみ出ることがある。

大涌谷黒たまご：殻は黒くても中身は白。一つ食べると7年寿命が延びるといわれている。

トリホウギョク
トリホウギョクとそっくりだが、クロホウギョクは別種。

大涌谷

神奈川県

ハマバオバオ
体長 10cm

「横浜中華街」に生息しています。街中を走ったり、高いところに登ったり、たえず忙しそうに動きまわっています。とてもすばしっこいため、なかなか見つけることはできません。中国で赤は縁起がいい色とされていることから、「横浜中華街」は街中が赤で彩られています。約500㎡のエリアに、中華料理店をはじめ雑貨、お土産、占いなどの600以上ものお店が軒を連ねています。日本最大、東アジア最大の中華街です。

身のこなしは、いたって軽やか。バク転、宙返りなどの離れ技もお手のもの。

横浜中華街：風水によって造られた4つの門や、神様を祀った「関帝廟」など、豪華できらびやかな建物も見どころの一つ。

ミミフクジン
体長 8cm

鎌倉市のお寺「高徳院」の本尊は、「鎌倉大仏」の名で知られる鎌倉の名所です。およそ750年前に作られたといわれ、国宝に指定されています。ミミフクジンは「鎌倉大仏」の耳たぶに座っている姿が目撃されました。くわしい生態は、わかっていません。額にコウモン（幸紋）があるので、出会えれば何かいいことが起きるかもしれません。

鎌倉大仏の耳の長さは1.9メートル。小さなミミフクジンを見つけるのは難しい。

鎌倉大仏：正式名称は「銅造阿弥陀如来坐像」。高さは11.3メートルもある。

ケイヒンヨルデンショク
体長 15 ～ 20cm

「京浜工業地帯」は、東京を中心とする日本最大の工業地帯です。ケイヒンヨルデンショクは、神奈川県の海沿いの工業地帯に生息しているコビトです。夜になると、大きな工場の高いところに現れます。頭部にある赤や緑の発光体をチカチカと光らせながら、トウチンからは白い煙を吐きだします。

夜の工場群：さまざまな照明が灯り、とても幻想的。この夜景を海から眺めるクルーズツアーもある。

中部地方

- 新潟県（にいがたけん）
- 石川県（いしかわけん）
- 富山県（とやまけん）
- 福井県（ふくいけん）
- 長野県（ながのけん）
- 岐阜県（ぎふけん）
- 山梨県（やまなしけん）
- 愛知県（あいちけん）
- 静岡県（しずおかけん）

新潟県

面積：12583.88k㎡

人口：約215万人

県の木：ユキツバキ

県の花：チューリップ

県の鳥：トキ

トキナコウド
体長 10〜12cm（トウチンは含まない）

特別天然記念物で「県の鳥」でもあるトキ。かつては日本、朝鮮半島、中国、ロシアと広く生息していました。その後、乱獲や開発などによってどんどん数が減り、2003年に佐渡島に残っていた最後の一羽が死んでしまったことで、日本産のトキは絶滅してしまいました。しかしその後、中国の協力で親鳥をもらい、ヒナを育てて野生にもどすことを何度もくりかえしたことにより、今では数百羽のトキが佐渡島に生息するようになりました。トキナコウドは、トキといっしょにいるところを目撃されています。トキの繁殖にも一役かっていると考えられています。

トキに乗るときもある。

カクレササダンシ
体長 4〜5cm

新潟県の名産品として有名な「笹団子」。俵形のお団子を笹の葉に包んだ、風味ある人気のお菓子です。カクレササダンシは、「笹団子」にもぐりこむコビトです。中の団子は食べ、ちゃっかり笹の葉に包まってしまいます。「笹団子」を食べるときは、注意しましょう。笹の葉には抗菌作用があり、あの有名な戦国武将、上杉謙信が携帯用の保存食として「笹団子」を発案したという説があります。

笹団子になりすます。

新潟県

ホウネンナエ

ヨウニン期・体長 8cm
セイニン期・体長 18cm
（ともにトウチンは含まない）

新潟県は山に囲まれ土壌が豊かで、水源や気候にも恵まれていることから、全国でもお米作りに最適な場所として有名です。そして、お米の生産量は日本一をほこります。ホウネンナエは、新潟県の水田に生息するコビトです。このコビトはヨウニン期とセイニン期があり、成長につれ姿と習性が変わります。稲を病気や害虫から守っているコビトと信じられています。

ヨウニン期
田植えの時期に現れる。水田をカエルのように泳ぎまわり、水生昆虫やオタマジャクシを捕えて食べる。

セイニン期
お米が実るにつれ、トウチンも稲穂のように変化していく。稲を優しく触って歩きまわり、稲に付いた昆虫を食べるようになる。腕には羽のようなものが生えはじめ、稲刈りのころになると、どこかへ飛びさってしまう。セイニン期の姿を、「イネホウジョウ」と呼ぶ人もいる。

75

イトイヒスイダイコウブツ
体長 8～12cm
（トウチンは含まない）

糸魚川市および糸魚川市周辺地域は、日本最大のヒスイ（宝石の一種）の産地です。特に小滝川ヒスイ峡は、最も有名な産地として知られています。山で生まれたヒスイの中には、長い年月をかけて川を下り、海に流れでるものがあります。糸魚川市には、「ヒスイ海岸」と呼ばれるところがあり、運がよければヒスイを見つけることができます。イトイヒスイダイコウブツは、この海岸で目撃されました。元は小滝川ヒスイ峡周辺に生息していたものが、おそらく他のヒスイと同様に、長い年月をかけ川を下ってきたのでしょう。

イシノケッショウ
イトイヒスイダイコウブツは、地底や洞くつ、岩山などに生息するイシノケッショウの一種と考えられている。

糸魚川市のヒスイ海岸：富山県朝日町にも「ヒスイ海岸」と呼ばれている場所がある。新潟県のヒスイの産地から別の川を下り、朝日町の海岸にも打ち上げられる。「ヒスイ海岸」で見つけたヒスイはもちかえることができるが、小滝川ヒスイ峡での採取は固く禁じられている。

富山県

面積：4247.54k㎡
人口：約102万人
県の木：タテヤマスギ
県の花：チューリップ
県の鳥：ライチョウ

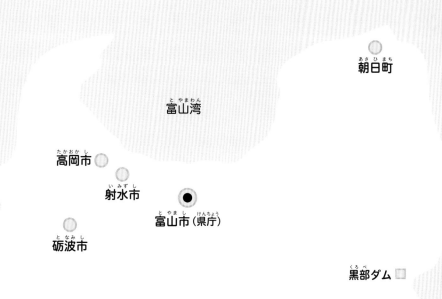

トヤマハナネッコ
体長 2cm（変化後は約4cm）

豊かな土壌と水、自然に恵まれた富山県は、チューリップ栽培が盛んなことでも有名で、その球根生産量は日本一をほこります。トヤマハナネッコは、砺波市のチューリップ畑に現れるコビトです。必ず7人で行動し、気に入ったチューリップの花を見つけると全員でもぐりこんでしまいます。だれか一人を中心に、あとの6人はそれを囲むように座ります。やがてじょじょに姿を変えていきます。中心にする者をどうやって決めているのかは、わかっていません。また、花の中で何をしているのかも、まったくのなぞです。

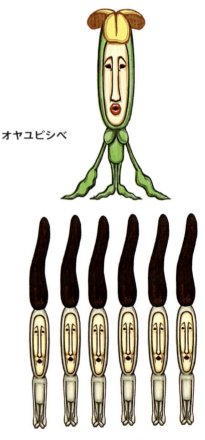

オヤユビシベ

シベムツゴ

チューリップの花の中で姿を変えるが、それぞれの呼び名も変わる。

いつも7人で行動。

富山県

ヤツオイエナガシ
体長 10cm

富山市八尾町の古い家屋に住みつくイエコビトです。小さな群れを作り、屋根裏などにひそんでいます。深夜、梁をわたる群れが目撃されたことがあります。静かに、ゆっくり優美に動くその姿は、とても幻想的だったといわれています。家にいても悪さをすることはないので、そっとしておきましょう。八尾町エリアでは、毎年9月に行われる「おわら風の盆」というお祭りがたいへん有名です。編み笠をつけた男女が、切なく美しい歌声と曲に合わせ、優雅な舞を披露します。このときばかりはヤツオイエナガシも外に出て、静かに踊り歩きます。屋根の上などを観察してみるといいかもしれません。山に生息するキノコビトに似ていますが、まったくの別種です。

シノビイエコビト
人家をすみかとしているコビトの総称を「イエコビト」という。代表的なものにシノビイエコビトがいる。

ベニキノコビト
キノコになりすましたコビトの総称を「キノコビト」という。代表的なものにベニキノコビトがいる。

おわら風の盆

クロベカワダヌキ
体長 20 〜 25cm

立山町にある巨大ダム「黒部ダム」は、日本一の高さでも有名です。高さ186メートル、長さ492メートルの堤から行われる放水は、圧倒されることまちがいなしの光景です。クロベカワダヌキは、「黒部ダム」近くの黒部川のほとりに生息しています。枝や小石を集めて水を堰き止め、そこをすみかにしています。平たく硬いトウチンで水面をたたき、小魚をすみかに追いこんで食べます。黒部ダムの放水を事前に察知する能力があり、それがわかると何時間もかけてダムにあがり、放水される水といっしょに飛びだします。なぜそうするのかは、わかっていません。

堰に異常がないか、毎日パトロールは欠かさない。

黒部ダムの放水

石川県(いしかわけん)

能(の)登(と)半(はん)島(とう)

日本海(にほんかい)

日本海(にほんかい)

● 金沢市(かなざわし)（県庁(けんちょう)）
○ 白山市(はくさんし)
○ 小松市(こまつし)
○ 加賀市(かがし)

白山(はくさん)（御前峰(ごぜんがみね)）

面積(めんせき)：4186.20k㎡
人口(じんこう)：約(やく)112万人(まんにん)
県(けん)の木(き)：アテ
県(けん)の花(はな)：クロユリ
県(けん)の鳥(とり)：イヌワシ

81

ハクツキコボシ
体長 10cm

その昔、山芋掘りの藤五郎が、芋の土を沢の水で洗っていました。そのとき、付着していた砂金を見つけたという言い伝えがあります。「砂金を洗った沢」という由来から、「金沢」という地名がついたそうです。ハクツキコボシは、金沢市郊外の川に生息しています。浅瀬で転がっては起きる動作をくりかえします。何度も転がり、長い年月をかけ、わずかに採れる砂金を身にまとっていくのです。

砂金を十分にまとうと、薄皮を剥がすように金を落とす。金を薄く打ちのばして使う「金箔」も、このコビトから発想されたのかもしれない。

画像提供：金沢市

加賀八幡起上り：古くから伝わる民芸品。子どもたちの健康と幸せを祈って作られた。

石川県

カガカンムリモチハダ
体長 15cm（トウチンは含まない）

新年の神様「年神様」をお迎えするお供え物、鏡餅はお正月に欠かせない縁起物です。全国、白の鏡餅ですが、石川県だけは独自の「紅白鏡餅」を飾っています。カガカンムリモチハダは、この「紅白鏡餅」になりすますコビトです。鏡開き（鏡餅を食べる）の時期を察知すると、さっさと姿を消してしまいます。

トウチンを扇子のように広げ、めでたさをいっそう演出するのが得意。

モチハダダルマ
モチハダダルマと姿や習性が似ているが、カガカンムリモチハダは別種。

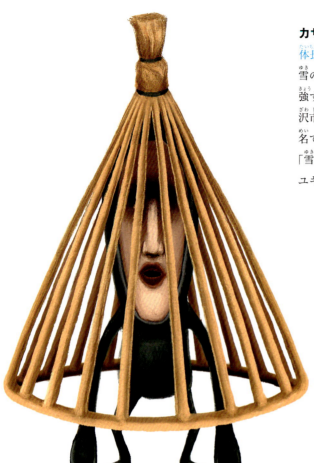

カザミユキツリ
体長 15cm

雪の重みで樹木の枝が折れないように、縄や針金を使って補強するのが「雪吊り」（雪囲い、冬囲いともいう）です。金沢市の中心部に位置する大庭園「兼六園」の「雪吊り」は有名で、冬の風物詩となっています。カザミユキツリは冬の間、「雪吊り」のてっぺんに現れ、じっと座っています。カザミユキツリが姿を見せると、初雪が降るといわれています。

寒さに耐えながら、そこで何をしているのかはなぞ。

兼六園の雪吊り：兼六園は江戸時代を代表する大名庭園で、国の特別名勝に指定されている。四季折々の美しさに、国内外から多くの観光客が訪れる。雪景色も美しい。

石川県

シラヤマコトダマ
体長 5cm

石川県と岐阜県の県境に位置する白山（御前峰）は標高2702mの火山で、富士山（山梨県、静岡県）と立山（富山県）とともに「日本三名山」に数えられています。白山は神様のいる山、あるいは修験者たちの修行の場として古くから人々の信仰を集めてきました。シラヤマコトダマは、その山頂につづく山道に住んでいます。雪が降ると現れ、木の上から登山者に雪の粉をふりかけるなど、いたずらをすることがあるようです。一方で、道に迷った登山者を、道案内して助けたという報告もあります。

霊峰白山

スシカイテンイワイ
体長 5～6cm

スシカイテンイワイは、回転寿司コンベアに乗るのが好きなコビトです。にぎり寿司のご飯のような姿をし、自らネタを背負い、お皿に乗って回ります。目撃情報はまだ数回しかありません。しかも、全てお店の開店初日だったとのことです。スシカイテンイワイが現れたお店は、その後いずれも繁盛店になったことから、商売繁盛に何か関係しているのかもしれません。今のところ石川県の固有種として考えられています。

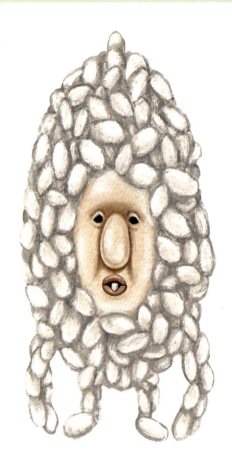

スシカイテンイワイは、乾燥に弱いらしい。

回転寿司：おいしいお寿司が気軽に食べられると大人気。

福井県

面積：4190.54km²
人口：約75万人
県の木：マツ
県の花：スイセン
県の鳥：ツグミ

フクイダイナウソ
体長 10 〜 15cm
（トウチンは含まない）

勝山市は日本一の恐竜化石発掘数をほこり、「恐竜のまち」として有名なところです。フクイダイナウソは、その勝山市周辺の山中に生息しているコビトです。トウチンを地面に押しつけ、ジャンプして移動します。トウチンの先端が３つに分かれているため、その地面には足跡のようなくぼみが残ります。通常、この足跡は風雨によって消えてしまいますが、まれにそのまま乾燥した状態で残ることがあります。過去に「小型恐竜の足跡では？」と、疑われたことがあります。

力強いトウチンを使って飛びはねる。

地面に残ったトウチン跡は、まるで恐竜の足跡のよう。

福井県

ツブカニヒッツキ
体長 5〜8cm

おいしいことで人気のズワイガニ。水揚げされる漁港によって「松葉がに」（山陰地方）、「間人がに」（京都府）、「加能がに」（石川県）などと、ブランド名がついています。その中でも福井県の「越前がに」は、味も品質もトップクラスの高級品として扱われています。ところで、ズワイガニの甲羅に黒いつぶつぶがついているのを見たことはないですか？　その正体は、カニビルという生き物の卵です。見た目は悪いかもしれませんが、脱皮してからしばらく時間が経っているという証拠で、そのカニは身が詰まっていておいしいとされています。ツブカニヒッツキはカニビルの卵になりすまし、「越前がに」の甲羅にへばりつくコビトです。このコビトが付いたカニは、いちだんと甘味が増すといわれています。

甲羅にへばりつくツブカニヒッツキ。

ズワイガニ：山口県以東の日本海、茨城県以東から北太平洋、オホーツク海、ベーリング海の深海に生息するカニ。

ガケヨウジンボウ
体長 20～25cm

坂井市の「東尋坊」は、福井県を代表する観光名所の一つです。海に面した断崖絶壁は、迫力満点。その地形は世界的に珍しく、国の天然記念物と名勝に指定されています。ガケヨウジンボウは、ここの岩壁に生息しています。波打ちぎわで荒波をかぶりながら、じっとしてほとんど動きません。周囲の岩にカムフラージュしているため、見つけだすのはまず不可能です。それでも探してみたいというのであれば、遊覧船に乗り、海から観察することをおすすめします。

東尋坊：断崖絶壁の岩場はたいへん危険なので、絶対にふざけて歩いてはいけない。必ずおとなと行動をともにすること。

体内に溜めこんだ海水を、口から一気に噴射することがある。その水圧は、岩をも削るほど強力だ。しかし、なぜそうするのか理由はわかっていない。

山梨県(やまなしけん)

面積：4465.27k㎡
人口：約80万人
県の木：カエデ
県の花：フジザクラ
県の鳥：ウグイス

昇仙峡(しょうせんきょう)

甲府市(こうふし)(県庁(けんちょう))
甲斐市(かいし)
笛吹市(ふえふきし)
南アルプス市(みなみアルプスし)
河口湖(かわぐちこ)
山中湖(やまなかこ)
富士山(ふじさん)

オオフジヤンマ
体長 25cm

山梨県と静岡県にまたがる富士山は、標高3776メートルの活火山。その大きさや優美な姿から、日本の象徴として知られています。オオフジヤンマは、富士山の3合目から5合目までの樹林帯に生息しています。体は苔に似た短い毛でおおわれていて、トウチン部分には白く長い毛が生えています。ある条件が重なったとき、富士山頂に珍しい「笠雲」が出現することがあります。「笠雲」が発生するとき、このコビトも現れるといわれています。オオフジヤンマは富士山の山梨県側で発見されたことから、今のところ山梨県の固有種となっていますが、静岡県にも生息している可能性があると考えられています。

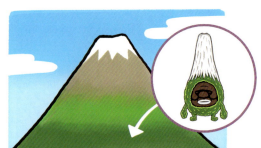

富士山3～5合目付近に生息。

富士山と笠雲：笠雲がかかると、天気がくずれるといわれている。

山梨県

カクレユノゴトシ
体長 20cm

武田信玄は、「甲斐（今の山梨県）の虎」といわれた最強の戦国大名です。その昔、上杉謙信、島津義弘、織田信長をはじめとする戦国武将たちは、戦いの疲労回復や傷病の手当てのため温泉を整備していました。武田信玄もたくさんの温泉を（山梨県、長野県、静岡県、群馬県、岐阜県）もっていました。それらは「信玄の隠し湯」といわれ、今も人気の温泉地になっています。カクレユノゴトシは、山梨県内にある「信玄の隠し湯」に現れるコビトです。二つのトウチンをもち、全身ふさふさした毛でおおわれています。動きはすばやく、もの静かですが、怒らせると手がつけられません。ただし温泉に入っているときだけは、どっしりと何があっても動じません。

特ちょう的な武田信玄の兜は、カクレユノゴトシをモチーフにしたという説があり、「温泉で、信玄の頭に乗ったのがきっかけ」といううわさがある。

武田信玄の甲冑：最強と恐れられた武田信玄。政治にも優れ、領地の人々からとても慕われていた。今も山梨県の英雄として人気が高い。

93

ジュンスイショウ
体長 15cm（トウチンは含まない）

甲府市の北にある昇仙峡は、国の特別名勝にも指定された美しい渓谷です。高い断崖や珍しい形の岩が並び、豊富な水の流れを見ることができます。ここは、かつて水晶がよく採れる場所だったため、水晶を磨く職人もたくさん集まってきていました。甲府市が宝石産業の重要な場所となったのは、こうした歴史が要因となっています。ジュンスイショウは、ここで見られる固有種です。昇仙峡一帯に埋まっている水晶を見つけだすのが得意。気に入った水晶を巣にもちかえり、じっくり磨きあげる習性があります。ジュンスイショウが仕上げた水晶には、神秘の力が宿っているといわれています。

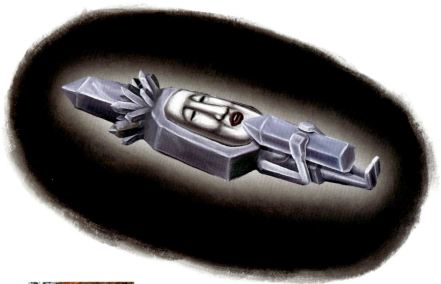

気に入った水晶は抱いて眠る。
大のお気に入りは、長い時間をかけて舐め、玉状に加工する。

昇仙峡：渓谷沿いの遊歩道を歩くと、四季それぞれの美しい景観が楽しめる。

長野県

長野市(県庁)
安曇野市
上田市
松本市
諏訪湖
川上村

面積：13561.56㎢
人口：約202万人
県の木：シラカバ
県の花：リンドウ
県の鳥：ライチョウ

ヤママユヒソメ
体長 5 〜 7 cm（トウチンは含まない）

美しい光沢と心地よい肌触りの絹（シルク）は、古くから世界中で珍重されてきました。通常、絹の原料はカイコという蛾がまゆを作るときに出す糸ですが、安曇野の穂高有明地区では、別種の蛾「ヤママユ」のまゆから独自の糸を作ってきました。これは「天蚕糸」といわれ、200年もつづく伝統の高級糸。普通の絹よりもさらにしなやかで、「繊維のダイヤモンド」と異名がつくほどです。ヤママユヒソメは、ヤママユのまゆを守る習性をもっています。外敵がまゆに近づくと、トウチンをばっと広げ、驚かせて撃退します。

トウチンを広げ威嚇する。

葉にくっついて、

まゆを作り、

満足すると抜けでて、

飛びたっていく。

ヤママユ（テンサン）：羽を広げると10〜15cmもある大型の蛾。カイコは幼虫時代にクワの葉を食べるが、ヤママユの幼虫はクヌギやコナラの葉を食べて成長する。

ヤママユのまゆ

長野県

ミソセンネン
体長 3cm

鎌倉時代から作られている「信州味噌」は、さっぱりしながらうま味があり、香り豊かな辛口の味噌として、全国でも人気が高い長野県の名産品です。味噌はたくさんの仕込みを経て作られていきますが、ミソセンネンはその発酵、熟成のときに現れます。味噌にまぎれこみ、熟成される半年から一年の間、味噌の中でじっとしています。このコビトがいると、いちだんとうま味が増します。出荷される気配を感じると、ミソセンネンはそっと抜けだし、次の熟成樽へと向かいます。

「味噌は医者いらず」という言葉があるほど、味噌は体によい。健康で長生きするためにも、味噌汁は毎日飲みたい。

ダマレタスタレナイ
体長 15〜20cm

南佐久郡川上村のレタス畑に生息するコビトです。気に入ったレタスに抱きつき、収穫されるまで動きません。レタスの外側の葉は、ダマレタスタレナイの可能性があります。このコビトに抱きつかれたレタスは、風味が増し、よりシャキシャキとした食感が得られるようです。長野県の東部に位置し、高原地帯にある川上村。気候や水に恵まれ、レタス栽培に最適なところで、レタスの生産日本一をほこっています。

レタスの外側にへばりついている。ちょっと見ただけでは、どこにいるのかわからない。

岐阜県

面積：10621.29k㎡
人口：約195万人
県の木：イチイ
県の花：レンゲソウ
県の鳥：ライチョウ

アユトリナガラ
体長 25〜30cm
（トウチンは含まない）

長良川は、柿田川（静岡県）、四万十川（高知県）とともに「日本三大清流」に数えられています。その長良川で有名なのは、「鵜飼」です。飼いならした水鳥の鵜を使い、アユなどの魚を獲る伝統漁で、その歴史は1300年以上といわれています。アユトリナガラは、「鵜飼」のときに現れるコビトです。自らアユを捕まえ、せっせと鵜に手わたす習性があります。ひときわ活躍している鵜がいても、それを鵜呑みにしてはいけません。水中で、アユトリナガラが手助けしているはずです。

長良川の鵜飼：伝統的な衣装を身につけた鵜匠が、巧みに鵜をあやつる「鵜飼」。長良川の夏の風物詩になっている。

岐阜県

ヤネガッショウ
体長 25 〜 30cm

合掌造りの藁葺き屋根の家が立ち並ぶ白川郷。その素朴で美しいたたずまいは「日本の原風景」といわれ、国内外からたくさんの観光客が訪れています。ヤネガッショウは、この地区に生息しています。藁葺き屋根の上で、手を合わせて座っています。藁葺き屋根と同じような姿をしているため、なかなか見つけることはできません。

雪が降りつもっても動かない。

白川郷：ユネスコの世界遺産（文化遺産）に登録されている名勝地。昔話の絵本に出てきそうな風景が広がる。

オモリアカサマ
体長 8〜12cm

岐阜県北部の飛騨地方に生息し、赤ん坊のいる民家に現れます。人気がなくなるのを見計らい、そっと赤ん坊に寄りそいます。オモリアカサマが近づくと赤ん坊はおだやかになり、ぐっすり眠ってしまいます。また、夜泣きをすることがなくなるといわれています。飛騨地方で昔から作られている人形「さるぼぼ」は、子どもが健康に育つことを願った縁起物。飛騨の方言で「ぼぼ」は赤ちゃんのこと。サルの赤ちゃんに似ていることから、「さるぼぼ」と呼ばれています。オモリアカサマは、なぜかこの「さるぼぼ」とそっくりな姿です。

オモリアカサマがいると、赤ん坊はとても落ち着く。

飛騨地方を代表する民芸品「さるぼぼ」

静岡県

面積：7777.02k㎡
人口：約358万人
県の木：モクセイ
県の花：ツツジ
県の鳥：サンコウチョウ

ビミチャチャイレ
体長 10cm

静岡県は黒潮の影響で四季を通じて暖かく、雨が多いことから、お茶の栽培にたいへん適しています。お茶の栽培面積は全国の約40パーセントを占め、生産量も日本一。ビミチャチャイレは、静岡県の茶畑に生息するコビトです。畑の中を縦横無尽に走りまわっていますが、なぜそうするのか、くわしいことはわかっていません。ビミチャチャイレが走りまわった畑は、いちだんとおいしい茶葉が採れるといわれています。また「茶摘み娘」の衣装は、このコビトからイメージされたという説があります。

茶摘み娘

ハツツミチャバン
茶畑にくらすハツツミチャバンと何らかの関係があると考えられているが、くわしいことはまだわかっていない。

静岡県

フジアサヤケ
体長 20 〜 25cm

日本の象徴として国内外に知られている富士山。フジアサヤケは、富士山の5合目から上の岩場地帯に生息しています。体は赤茶色で、岩に似た姿をしています。夏から秋にかけての、早朝に現れます。同じ時期、早朝の天気と朝日が一定の条件を満たしたときにだけ、富士山が赤く染まって見える「赤富士」という珍しい現象が起こります。フジアサヤケは「赤富士」とともに現れると言い伝えられていますが、ほんとうのことはわかっていません。フジアサヤケは富士山の静岡県側で発見されたことから、今のところ静岡県の固有種となっていますが、山梨県にも生息している可能性があると考えられています。

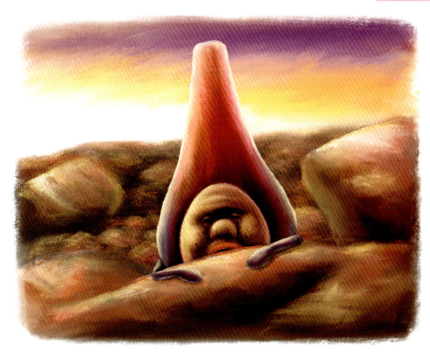

富士山の5合目から上に生息。

赤富士：厄除け、商売繁盛や願いごとが叶うなど、縁起のいいものとされている。「赤富士」の絵や写真を飾っている人も多い。

ウミサクラマンカイ
体長 30cm（トウチンは含まない）

深海に生息する体長2〜4cmほどのサクラエビは、栄養豊富で風味豊かな食材です。ほかの海域にも生息していますが、漁獲ができるのは日本では駿河湾のみ。その駿河湾で、ウミサクラマンカイはたった一度だけ深海魚とともに捕獲されました。ゼラチン質のブヨブヨした体で、5つの奇妙なトウチンをもっています。大きな口には、大量のサクラエビが入っていたということから、好物はサクラエビといっていいでしょう。

捕えられたウミサクラマンカイ。信じられないくらいの量のサクラエビを吐きだした。

サクラエビ：駿河湾だけで獲れる静岡県の特産品。

106

愛知県

面積：5173.09k㎡
人口：約750万人
県の木：ハナノキ
県の花：カキツバタ
県の鳥：コノハズク

キンシャチホコラシ
体長 25 〜 30cm

お城の天守閣の屋根に、「鯱鉾」が飾られているときがあります。「鯱」は想像上の生き物で、頭は龍（虎という説も）、体は魚、背中には棘が生えています。火事になると、口から水を出して火を消してくれるという伝説から、お城の守り神として飾られるようになりました。中でも、名古屋城の絢爛豪華な「金鯱」はとても有名です。キンシャチホコラシは、その「金鯱」に乗っている姿が目撃されています。天気のよい日に現れ、体を反らせてじっとしています。何かするわけでもなく、その目的は不明です。高いところで、しゃちこばるのが好きなのかもしれません。

金鯱になりすましている。

金鯱と名古屋城

愛知県

トコシエノシアワセ
体長 10～15cm
（トウチンは含まない）

渥美半島の先端、伊良湖岬には美しい砂浜「恋路ヶ浜」が広がり、人気の観光スポットになっています。トコシエノシアワセは、この付近に生息するコビトです。ふだんは周辺の草原でくらしていますが、ときおり浜にも姿を現します。伊良湖岬には、まれに黒潮に乗って南の島からヤシの実が漂着することがあります。一説によると、トコシエノシアワセはヤシの実が好物で、それを狙いに浜に現れると考えられています。個体によってトウチンの形が左右それぞれ異なっているのも特ちょうの一つ。気の合った者同士が砂浜で出会うと、なぜかトウチンを密着させ、二人で海を眺めます。この光景を目撃すると、良縁に恵まれる、恋人同士なら必ず幸せになる、といわれています。

ナイフのような鋭いトウチンを使い、ヤシの実の皮を削いで食べる。

恋路ヶ浜：美しい砂浜は、「恋人の聖地」として有名な場所。海辺でプロポーズをするならここ。

シロヘビノテアシ
体長 10cm（トウチンは含まない）

「熱田神宮」は、とても古く歴史のある大きな神社です。歴代の天皇が皇位のしるしとして受けついだという神宝「三種の神器」の一つ、「草薙神剣」が祀られていることでも知られています。また、境内にたたずむ樹齢1000年ともいわれる御神木の「大楠」もたいへん有名です。中が空洞になっていて、そこには神聖な白蛇が住みついているといわれています。シロヘビノテアシは、白蛇といっしょにいるところを目撃されました。トウチンは剣のような形をしていて神聖な雰囲気を装っていますが、実は白蛇のお世話をする存在です。お供え物の卵を取りにいったり、脱皮のお手伝いをしたりしているのです。

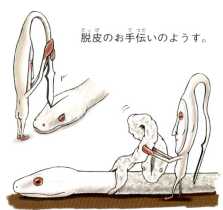

脱皮のお手伝いのようす。

熱田神宮の大楠：神の化身である白蛇が住んでいるといわれている。根本には、お供え物の卵がいくつも置かれている。

ハクジャノイワイ
シロヘビノテアシは神社・お寺に生息するハクジャノイワイと似ているが、まったくの別種。ハクジャノイワイは変態し、ヘビのようにトウチンをくねらせて進むが、シロヘビノテアシは変態することはない。

各都道府県の「県の木」「県の花」「県の鳥」は、全国知事会発表の「都道府県のシンボル」によるものです。
また面積、人口は総務省統計局編「日本の統計 2024」によるものです。（いずれも 2024年7月時点）

写真提供：ピクスタ
和尚，空，denkei, MakiEni, inaworks, ノース，animangel, taka, スプやん，メソポタミア, shige hattori, Nutria, bonsuke_office, ひかるおじさん，秋 AKI, Yama, photo_uny_llc, tadpolly, たっきー，食文化, G・G, ぺっぱー，tenjou, Koichi, takocchi, 2002, midori_chan, Daikegoro, hide728, 二匹の魚，花火, KamiyaSey, そらとりく, gori910, scigelova, リュウタ, Fuchsia, Orange_Bowl_70, みゆきち，ばりろく，スムース, barman, まちゃー，degu66, かぜのたみ，blue horse, momo, K@zuTa, photop, 清十郎，kt-wat, JackLante, Yoshitaka, ささざわ，shin, bee, 旅人ひとり, Obst, trikehawks, kumaphoto, そら，どかてい♪, zero one, s.suzuki, rishiya, mark., yoshihiro52, 北村笑店, flyingv, rogue, denkei / PIXTA

さくいん

アカベココウベ	36
アガリココウタイシ	29
アセダクリクユデダコ	54
アブクマタチショウニュウ	38
アマクリソツ	58
アユトリナガラ	100
イシノケッショウ	76
イッカクヒョウザン	8
イトイヒスイダイコウブツ	76
イネホウジョウ	75
ウシクワッカマル	44
ウドジョオウ	62
ウマリガワラ	17
ウミサクラマンカイ	106
エゾキリキリマイ	10
オオヒレカワコビト	20
オオフジャンマ	92
オオマノイカサマ	16
オカザリオウショウ	33
オナヤミイオウ	17
オモリアカサマ	102
オヤユビシベ	78
カガカンムリモチハダ	83
カクレササダンシ	74
カクレユノゴトシ	93
ガケヨウジンボウ	90
カザミユキツリ	84
カゾクグルミ	58
キュウビジン	48
キリタンボッコ	28
キンシャチホコラシ	108
キンダンカジツ	16
クロベカワダヌキ	80
クロホウギョク	68
ケイヒンヨルデンショク	70
ケナガカワワッパ	20
コケシニナルコ	24
コンニャクダネ	52
ザシキアラシ	21
サッポロユキダマダマシ	12
シシャモノシシャ	9
シノビイエコビト	79
シベムツゴ	78
シマコウモリコモリ	63
ジュンスイショウ	94
シラヤマコトダマ	85
シロヘビノテアシ	110
スシカイテンイワイ	86
ソギボシビョウタン	46
タカサキデルメタイシ	50

タニタタミショクニン	56	ビミチャチャイレ	104
ダマレタスタレナイ	98	フカヤネギマギレ	55
タレショウニュウ	38	フクイダイナウソ	88
チバマンスイ	59	フジアサヤケ	105
ツブカニヒッツキ	89	フラノサキムラサキ	10
テラケムリ	66	フリマネダテンシ	8
トキナコウド	74	ベニガサオドリ	32
トコシエノシアワセ	109	ベニキノコビト	79
トナイノリテツ	64	ホウネンナエ	75
トビダイトカイ	65	マツシマトリツクシマ	25
トヤマハナネッコ	78	マボヤボウヤ	26
トリホウギョク	68	ミソセンネン	97
ナツカラソトミ	58	ミトネバリ	42
ナツカラナカミ	58	ミミフクジン	70
ニッコウウゴカザル	47	メンオニギョウソウ	30
ヌマゴショクギョウ	37	モクスミッコ	22
ネブラッセラ	18	モチハダダルマ	83
ハクジャノイワイ	110	モロミエホウシ	60
ハクツキコボシ	82	ヤツオイエナガシ	79
ハグラッカセイ	58	ヤネガッショウ	101
ハタキツボネ	21	ヤママユヒソメ	96
ハタキワラシ	21	ユウバリウリホウバリ	11
ハツツミチャバン	104	ユモミチョイナ	51
ハマバオバオ	69	ヨウナシケイタイ	34
ヒタチノゴチソウ	43	リンゴシンクイ	16

資料・コビトを知るための研究書

■240種、266体のコビトたちを網羅した本格図鑑。

『こびと大図鑑』

入門者から上級者まで、まずはこの一冊をおすすめします。

A4変判・上製 140ページ・定価：本体2300円＋税

■貴重なコビトの写真と楽しいイラストで、コビトをくわしく解説。

『びっくり観察フィールドガイド こびと大百科 増補改訂版』

コビトの生態を知る基本のガイド本。クサマダラオオコビト、リトルハナガシラ、カクレモモジリ、ホトケアカバネなど代表的なコビトたちの生態を紹介します。

A5判・並製 136ページ
定価：本体1500円＋税

『こびと観察入門 １ 捕まえ方から飼い方まで 増補改訂版』

コビトの生態はもちろん、その観察方法やおびき寄せ方、飼育の仕方がわかる研究書。また、それらに必要な道具についても、くわしく解説しています。

A5判・並製 136ページ
定価：本体1500円＋税

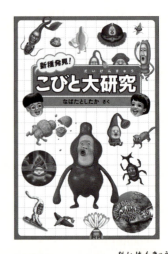

『新種発見！ こびと大研究』

『こびと大百科』『こびと観察入門 １』には出てこない、新種のコビトたちを解説します。生態を知りながら、自然や文化などについての豆知識が楽しくわかる一冊です。

A5判・並製 132ページ
定価：本体1500円＋税

■「こびと探し」に役立つ、文庫サイズのコンパクト図鑑。

『おでかけポケット図鑑 日本のこびと大全シリーズ』

―野原や畑編―

―山や森林編―

―川や海・人のまわり編―

各 A6判・上製 248ページ・定価：本体 1500円＋税

■ 動くコビトたちが観られる衝撃映像！

『DVD こびと観察入門 傑作選』

本編2時間30分＋収録曲『こえをきかせて』『こびとビート』『こびとのヨーデル』

定価：本体 2600 円＋税

予告編

なばたとしたか

1977年、石川県生まれ。イラストレーター。2006年に初の絵本『こびとづかん』を発表し話題となる。主な作品に『みんなのこびと』、『こびと桃がたり』、『こびと大百科』、『こびと観察入門1』、『こびと大研究』、『こびと大図鑑』、「日本のこびと大全」シリーズがある。またその他の創作絵本に『いーとんの大冒険』、『犬闘士 イヌタウロス』がある。現在、金沢に在住。本の制作を中心に、映像、キャラクター制作と意欲的に活動している。

こびとづかん公式サイト　https://kobitos.com/

こびと固有種大図鑑 ―東日本編― なばたとしたか さく

2024年 9月18日 初版第1刷発行
2025年 1月23日 第2刷発行

発 行 者　関　昌弘
発　　行　株式会社ロクリン社
　　　　　153-0053 東京都目黒区五本木1-30-1 2A
　　　　　電話 03-6303-4153　FAX 03-6303-4154　https://rokurin.jp

編　　集　中西洋太郎
デザイン　オーノリュウスケ（Factory701）
印　　刷　吉原印刷株式会社
製　　本　株式会社難波製本
校正・校閲　株式会社鷗来堂

本書の無断複写（コピー）は著作権法上の例外を除き、禁じられています。乱丁・落丁はお取り替え致します。
© Toshitaka Nabata 2024 Printed in Japan